ANDREA BOCELLI

SOGNO

CANTO DELLA TERRA

(F.Sartori / L.Quarantotto)

CANTO DELLA TERRA

Sì lo so
Amore che io e te
Forse stiamo insieme
Solo qualche istante
Zitti stiamo
Ad ascoltare
Il cielo
Alla finestra
Questo mondo che
Si sveglia e la notte è
Già così lontana
Già lontana

Guarda questa terra che
Che gira insieme a noi
Anche quando è buio
Guarda questa terra che
Che gira anche per noi
A darci un po' di sole, sole, sole

My love che sei l'amore mio
Sento la tua voce e ascolto il mare
Sembra davvero il tuo respiro
L'amore che mi dai
Questo amore che
Sta lì nascosto
In mezzo alle sue onde
A tutte le sue onde
Come una barca che

Guarda questa terra che
Che gira insieme a noi
Anche quando è buio
Guarda questa terra che
Che gira anche per noi
A darci un po' di sole, sole

coro : And I see this world
        this world
        rollin' with us
        also when it's dark
        When it's dark

Guarda questa terra che   coro : And this world
Che gira insieme a noi   Well roll again
A darci un po' di sole   to reach the brightest light
Mighty sun   to reach the mighty sun
Mighty sun

CANTO DELLA TERRA

Yes I know
My love, that you and me
Are together briefly
For just a few moments
In silence
As we look out of our windows
And listen
To the sky
And to a world
That's awakening
And the night is already far away
Already, far away

Look at this world
Turning around, with us
Even in the dark
Look at this world
Turning around, for us
Giving us hope, and some sun, sun, sun

My love, whoever you are, my love
I hear your voice, yet I listen to the sea
It sounds just like your breathing
And all the love you want to give me
This love
That is there, hidden
Hidden among the waves
All the waves in the world
Just like a boat that...

Look at this world
Turning around, with us
Even in the dark
Look at this world
Turning around, for us
Giving us hope, and some sun, sun

coro : And I see this world
        this world
        rollin' with us
        also when it's dark
        When it's dark

Look at this world   coro : And this world
Turning around, with us   Well roll again
Giving us hope, and some sun   to reach the brightest light
Mighty sun   to reh the mighty sun
Mighty sun

THE PRAYER (with Celine Dion)

(Music : David Foster - Original lyrics : Carole Bayer Sager - Italian Lyrics: A.Testa / T.Renis)

THE PRAYER

Celine Dion
    I pray you'll be our eyes, and watch us where we go
    And help us to be wise, in times when we don't know
    Let this be our prayer, when we lose our way
    Lead us to the place, guide us with your grace
    To a place where we'll be safe

Andrea Bocelli   Andrea Bocelli
    La luce che tu dai   La forza che ci dai

Celine Dion   Celine Dion
    I pray we'll find your light   We ask that life be kind

Andrea Bocelli   Andrea Bocelli
    Nel cuore resterà   È il desiderio che

Celine Dion   Celine Dion
    And hold it in our hearts   And watch us from above

Andrea Bocelli   Andrea Bocelli
    A ricordarci che   Ognuno trovi amor

Celine Dion   Celine Dion
    When stars go out each night   We hope each soul will find

Andrea Bocelli   Andrea Bocelli
    L'eterna stella sei   Intorno e dentro a sé
    Nella mia preghiera
                                    Celine Dion
Celine Dion   Another soul to love
    Let this be our prayer
                                    Celine Dion & Andrea Bocelli
Andrea Bocelli   Let this be our prayer
    Quanta fede c'è
                                    Celine Dion
Celine Dion   Let this be our prayer
    When shadows fill our day
                                    Andrea Bocelli
Andrea Bocelli   Just like every child
    Lead us to a place
                                    Celine Dion
Celine Dion   Just like every child
    Guide us with your grace
                                    Celine Dion & Andrea Bocelli
Celine Dion & Andrea Bocelli   Need to find a place, guide us with your
    Give us faith so we'll be safe   grace
    Sognamo un mondo senza più violenza Give us faith so we'll be safe
    Un mondo di giustizia e di speranza E la fede che
    Ognuno dia la mano al suo vicino   Hai acceso in noi
    Simbolo di pace e di fraternità   Sento che ci salverà

THE PRAYER

Celine Dion
    I pray you'll be our eyes, and watch us where we go
    And help us to be wise, in times when we don't know
    Let this be our prayer, when we lose our way
    Lead us to the place, guide us with your grace
    To a place where we'll be safe

Andrea Bocelli   Andrea Bocelli
    The light that you give us   The strength that you give us

Celine Dion   Celine Dion
    I pray we'll find your light   We ask that life be kind

Andrea Bocelli   Andrea Bocelli
    Will stay in our hearts   Is the wish

Celine Dion   Celine Dion
    And hold it in our hearts   And watch us from above

Andrea Bocelli   Andrea Bocelli
    Reminding us   That everyone may find love

Celine Dion   Celine Dion
    When stars go out each night   We hope each soul will find

Andrea Bocelli   Andrea Bocelli
    That in my prayer   In and around himself
    You are the everlasting star
                                    Celine Dion
Celine Dion   Another soul to love
    Let this be our prayer
                                    Celine Dion & Andrea Bocelli
Andrea Bocelli   Let this be our prayer
    There's so much faith
                                    Celine Dion
Celine Dion   Let this be our prayer
    When shadows fill our day
                                    Andrea Bocelli
Andrea Bocelli   Just like every child
    Lead us to a place
                                    Celine Dion
Celine Dion   Just like every child
    Guide us with your grace
                                    Celine Dion & Andrea Bocelli
Celine Dion & Andrea Bocelli   Need to find a place, guide us with your gra
    Give us faith so we'll be safe   Give us faith so we'll be safe
    We dream of a world with no more violence And the faith that
    A world of justice and hope   You've lit inside us
    Grasp your neighbour's hand   I feel will save us
    As a symbol of peace and brotherhood

SOGNO

(G.Vessicchio / G.Servillo)

SOGNO

Va ti aspetterò
Il fiore nel giardino segna il tempo
Qui disegnerò il giorno poi del tuo ritorno
Sei così sicura del mio amore
Da portarlo via con te
Chiuso nelle mani che ti porti al viso
Ripensando ancora a me
E se ti servirà lo mostri al mondo
Che non sa che vita c'è
Nel cuore che distratto sembra assente
Non sa che vita c'è
In quello che soltanto il cuore sente
Non sa

Qui ti aspetterò
E ruberò i baci al tempo
Tempo che non basta a cancellare
Coi ricordi il desiderio che
Resta chiuso nelle mani che ti porti al viso
Ripensando a me
E ti accompagnerò passando le città da me
Da me che sono ancora qui
E sogno cose che non so di te
Dove sarà che strada farà il tuo ritorno
Sogno

Qui ti aspetterò
E ruberò i baci al tempo
Sogno
Un rumore il vento che mi sveglia
E sei già qua

SOGNO

Go then, I will wait for you
The flowers in the garden will mark your absence
And rejoice the day of your return
Of my love you are so sure
So sure you can take it with you
Cupped in the hands that you raise to your face
As you still think of me
And if you need to, you can show it to the world
A world that couldn't begin to understand what lives

In an uncaring absent heart
That couldn't begin to understand what a heart can truly feel

This is where I will wait for you
Stealing imaginary kisses as time goes by
Time, time cannot erase the memories and the desire
That you cup in the hands you raise to your face
As you still think of me
Throughout your journey it will lead you back to me
For I'll still be waiting here, dreaming
Dreaming of your unknown whereabouts
Picturing the scene you'll return to, and how you'll return
I dream

This is where I will wait for you
Stealing imaginary kisses as time goes by
Dream
A noise, the wind awakes me
And you're already here

'O MARE E TU (with Dulce Pontes)

(E.Gragnaniello)

'O MARE E TU

Dulce Pontes
Sentir em nòs
Sentir em nòs
Uma razão
Para não ficarmos sòs
E nesse abraço forte
Sentir o mar,
Na nossa voz,
Chorar como quem sonha
Sempre navegar
Nas velas rubras deste amor
Ao longe a barca louca perde o norte.

Andrea Bocelli
Ammore mio
Si nun ce stess'o mare e tu
Nun ce stesse manch'io
Ammore mio
L'ammore esiste quanno nuje
Stamme vicino a Dio
Ammore

Dulce Pontes
No teu olhar
Um espelho de àgua
A vida a navegar
Por entre sonho e a màgoa
Sem um adeus sequer.
E mansamente,
Talvez no mar,
Eu veita em espuma encontre o sol do
Teu olhar,
Voga ao de leve, meu amor
Ao longe a barca nua a lodo o pano.

Andrea Bocelli
Ammore mio
Si nun ce stess'o mare e tu
Nun ce stesse manch'io
Ammore mio
L'ammore esiste quanno nuje
Stamme vicino a Dio
Ammore

'O MARE E TU

Dulce Pontes
Even for us, even for us
There's a reason that keeps us here
And if you hold me tight
I'll cry, and I'll cry
Until I'd let myself go and moisten you with my tears
The tears of my love
A man lost his heart in that street

Andrea Bocelli
My love
If the sea and you were not here
I wouldn't be here either
My love
Love exists when
We are close to God
My love

Dulce Pontes
Even for us, even for us
There's another world that'll never separate us
And without ever saying goodbye
I'll leave this place, and you'll be gone
And that's why we'll never part
Nothing will take our love away
A man finds his heart in that street

Andrea Bocelli
My love
If the sea and you were not here
I wouldn't be here either
My love
Love exists when
We are close to God
My love

My love
If the sea and you were not here
I wouldn't be here either
My love
Love exists when
We are close to God
My love

A VOLTE IL CUORE

(Pieromarras)

A VOLTE IL CUORE

A volte il cor s'inerpica
In far di fantasia
Tenendo ogn'or la mente
In sua balìa
Sappiate che di Voi oramai
Del Vostro viso
Già mi prese malattia
A volte il cuore
Di Voi Madonna angelica
Mi inchiude la magìa
Sicchè null'altra veggio compagnia
Non V'accorgete dunque Voi
D'un tal che muore
Di una simile agonia
A volte il cuore
A volte il cuore

Nuda carmina ad majora
Nuda carmina in carmine
Nuda carmina ad majora
ScAGAPW MADISTA EIS AEI
("Sagapo malista eis aei")

A volte il cuore
Se dir vorreste voi ch'io sia
Qualunque io sarò
Già son colui che senza star non può
Di dimandare amor seppur
D'amor deriso
Se voleste io sarò
A volte il cuore
A volte

A VOLTE IL CUORE

Sometimes the heart
Wanders in fantasies
Keeping the mind
In its power, constantly
You have to know
That I am troubled, infatuated
By your face
Sometimes the heart
Warns me that you're bewitching me
My angelic lady
You're the only companion I crave
How can you not realise
Someone is dying
Of a similar agony
Sometimes the heart
Sometimes the heart

Nuda carmina ad majora
Nuda carmina in carmine
Nuda carmina ad majora
ScAGAPW MADISTA EIS AEI
("Sagapo malista eis aei")

Sometimes the heart
Just tell me who it is you want me to be
Then I shall be that man
Already, I cannot stop myself
From pleading for your love
Ridicule my love if you will
Still, I'll try to win your love
Sometimes the heart
Sometimes

CANTICO

(M.Malavasi / P.Guerrini / A.Bocelli)

CANTICO

A che serve piangere
Rinunciare a vivere
Resta qua se ti va
Non pensare abbracciami
Lasciami sognare
La tua pelle morbida
Voglio accarezzare
E finché non avrò
Anche l'anima
Io sarò sempre sulla tua scia
Non puoi fuggire
Perché sei mia
Perché ti voglio
Perché mi vuoi
Un mondo si apre
Intorno a noi

E se vorrai crederlo
Io sarò l'angelo
Che non ti abbandonerà
Quando sul tuo viso
Non vedrà risplendere
Dolce il tuo sorriso
E finché non avrò
Anche l'anima
Io sarò sempre sulla tua scia
Non puoi fuggire
Perché sei mia
Perché ti voglio
Perché mi vuoi
Tutto sarai per me

Perché ti voglio
Perché mi vuoi
Un mondo si apre intorno a noi
Un mondo si apre intorno a noi

CANTICO

What's the use of crying
And denying what you feel
Stay here if you will
But don't think, just hold me
Let me dream
Of your velvet skin
Skin that I yearn to caress
And for as long as
You're unable to give yourself
I shall never give up trying
It's pointless to run away
Because you're mine
Because I want you
And because you want me
There's a whole world there for the taking
And it's opening up around us

And if it makes you happy
I shall be your guardian angel
Never, ever to leave you
Even when I cannot see
Your sweet smile
Lighting up your face
And for as long as
You're unable to give yourself
I shall never give up trying
It's pointless tu run away
Because you're mine
Because I want you
And because you want me
You'll be everything to me

Because I want you
And because you want me
There's a whole world opening up around us
There's a whole world opening up around us

MAI PIU' COSI' LONTANO

(M.Malavasi)

MAI PIÙ COSÌ LONTANO

Mai più così lontano
Mai più così lontano
Mai più senza la mano
Che ti veste il cuor
Mai più così lontano
Mai più così lontano
Mai più senza il calore
Che ti scalda il cuore

E mille giorni
E mille notti
Senza capir
Senza sentir
Senza saper
Che non c'è niente al mondo
Nemmen nel più profondo
Sei solo tu
Soltanto tu

Mai più senza la mano
Che ti scalda il cuor
Mai più così lontano
Mai più così lontano
Mai più senza l'amore
Di chi ti ha aspettato

E mille giorni
E mille notti
Senza capir
Senza sentir
Senza saper
Che non c'è niente al mondo
Nemmen nel più profondo
Sei solo tu
Soltanto tu

Mai più senza la mano
Che ti scalda il cuor
Mai più così lontano
Mai più così lontano
Mai più senza l'amore
Di chi ti ha aspettato

MAI PIÙ COSÌ LONTANO

Never so far again
Never so far again
Never again without the hand
That warms my heart
Never so far again
Never so far again
Never again without the passion
That warms my heart

And a thousand days
And a thousand nights
Without understanding
Without feeling
Without realising
That there's nothing else in this world
Not even in the depth of my soul
You're the only one I need
You, and only you

Never again without the hand
That warms my heart
Never so far again
Never so far again
Never again without the love
Of one who has waited for me

And a thousand days
And a thousand nights
Without understanding
Without feeling
Without realising
That there's nothing else in this world
Not even in the depth of my soul
You're the only one I need
You, and only you

Never again without the hand
That warms my heart
Never so far again
Never so far again
Never again without the love
Of one who has waited for me

IMMENSO

(F.Sartori / L.Quarantotto)

IMMENSO

E, ed è così che va
Visi che non ricordo, che passano
E la sala buia è già
Sembra il mio grande mare e canterò
Ecco, e tutt'intorno sento già silenzio
La musica che piano dai violini
Ed io rivedo te
Tu, sapere dove sei
In questo grande mare, sì tu
Che forse mai rivedrò
Viso che passa e va
Questo teatro al buio lascerai

Immenso in questo grande
Mare c'è l'immenso
In questo teatro al buio io ti sento
Io sento che ci sei, sei qui vicino a me
In questo teatro al buio io ti sento
Io sento che ci sei

Sì è meglio non pensarti qui vicino
Meglio pensare che già sei lontano
Canterò, canterò
In questo oceano sì, ti ritroverò
Ecco, e tutto intorno sento già silenzio
La musica è un oceano di violini
Canterò, canterò
Oltre questa notte ti ritroverò
Lo so

Immenso
Immenso scoprendoti al mio fianco

IMMENSO

And so the story goes
Forgettable faces, they come they go
And the room is already dark
This is my sea, my immense sea, and I sing
I can feel the silence around me
As the music rises softly from the violins
Then I see your face again
It's you, and I'm guessing where you are
You, in this, my immense sea
A face I'll probably never see again
That comes, that goes, that fades away
And plunges the theatre back into darkness

Immense, in this vast sea
It's so immense, I feel it
I feel you're here, in the theatre, in the darkness
I can feel your presence, right next to me
I feel you're here, in the theatre, in the darkness
I can feel your presence

Yes, it's wiser not to think of you here
I'll pretend you're already far away
Then I'll sing and I'll sing
And I'll find you again in this ocean
Once again I'll feel the silence around me
The music, an ocean of violins
And I'll sing and I'll sing
I'll meet you again some day
I know I will

Immense
Immense is knowing you're beside me

NEL CUORE LEI (with Eros Ramazzotti)

(B.Zambrini / D.Cogliati / E.Ramazzotti)

NEL CUORE LEI

Eros Ramazzotti	Se
	Conosci già l'amore
	Che vuole lei
	Tu saprai che dovrai
	Dare tutto quel che hai
	A lei
	Ti legherai finché vivrai, a lei...
Andrea Bocelli	Ti prenderà il cuore
	Ti vincerà
	Lei sarà la tua strada
	Che non puoi lasciare mai
	A lei
	Ti legherai finché vivrai, a lei...
Eros Ramazzotti	E non c'è niente come lei
	E non c'è niente da capire
Andrea Bocelli	È tutta lì
	La sua grandezza
	In quella leggerezza
	Che solo lei ti dà
Eros Ramazzotti	Saraà così e poi
	Sarà di più
Andrea Bocelli	L'amerai... L'amerai
+ Eros Ramazzotti	Perché tu ci crederai
Eros Ramazzotti	A lei
+ Andrea Bocelli	Ti legherai finché vivrai, a lei...
Andrea Bocelli	E non c'è niente come lei
	E non c'è niente da capire
Eros Ramazzotti	Lei è così
+ Andrea Bocelli	Puoi solo dire
	Che più ti fa soffrire
	Più ancora l'amerai
Eros Ramazzotti	Finché tu vorrai scoprire
Andrea Bocelli	Dentro un brivido che dà
Andrea Bocelli	Il segreto della sua eternità
+ Eros Ramazzotti	
Andrea Bocelli	A lei
	Regalerai
Andrea Bocelli	Quello che resterà
+ Eros Ramazzotti	Del tuo tempo che verrà
Eros Ramazzotti	A lei
Andrea Bocelli	Ti legherai, per sempre avrai
+ Eros Ramazzotti	Nel cuore lei...

NEL CUORE LEI

Eros Ramazzotti	If
	You already know
	The love she wants
	You'll know
	You have to give everything, all of it
	To her
	You'll become as one, with her, forever
Andrea Bocelli	She'll touch your heart
	She'll win your heart
	She'll be your path
	That leads to what you lacked, the path
	To her
	You'll become as one, with her, forever
Eros Ramazzotti	And nothing can compare with her
	There's really nothing to understand
Andrea Bocelli	It's just the secret of
	Her greatness
	The sheer joy
	That she alone can give
Eros Ramazzotti	And that's how, now, it will always be
	Until it becomes even more
Andrea Bocelli	You'll love her, oh how you'll love her
+ Eros Ramazzotti	Because you trust yourself to her
Eros Ramazzotti	To her
+ Andrea Bocelli	You'll become as one, with her, forever
Andrea Bocelli	And nothing can compare with her
	There's really nothing to understand
Eros Ramazzotti	That's just the way she is
+ Andrea Bocelli	All you'll know for sure
	Is the more she makes you suffer
	The more you find you love her
Eros Ramazzotti	Until at last that dawning
Andrea Bocelli	That in the thrill she alone can give
Andrea Bocelli	Lies the secret of her eternity
+ Eros Ramazzotti	
Andrea Bocelli	To her
	You'll gladly give
Andrea Bocelli	All that's left
+ Eros Ramazzotti	Of the time you've still to come
Eros Ramazzotti	To her
Andrea Bocelli	You're as one, with her, forever
+ Eros Ramazzotti	And she'll be there, in your heart

I LOVE ROSSINI

(P.Abrial / G.Servillo)

I LOVE ROSSINI

Solo come fosse un'abitudine
Passo fuori al bar anche stasera
C'è nell'aria un'eco che solletica
Una voce che non sembra nuova
E anche se vicina ti nascondi sai perché
Perché tu stai parlando ancor di me
Tu non mi sai dimenticar
Ad un'amica che non sa
Tu stai parlando del mio cuor
In tutto il bar aroma di caffè
E risuona al banco dei gelati la tua favola d'amore
La calunnia è un venticello perfido
Dissero il maestro e la sua penna
Tu hai creduto vere tante chiacchiere
Ma per me non c'era alcun motivo
Di prestare credito all'invidia sospettosa
E tu stai lì che parli ancor di me
Tu non saprai dimenticar
Il mio inglese incerto che
Ti ha conquistata in questo bar
Quanti caffè hai bevuto insieme a me
Io ti dissi I love Rossini lei conosce l'opera italiana
Qui davanti al banco dei gelati io
Mostro alla tua amica il mio amore
Diteglielo voi alla mia bella
Che vi siede accanto indifferente
Che se l'opera non basta ci sarà un'altra canzone
Mentre stai parlando ancor di me
Tu non mi sai dimenticar
Io sto cantando ancor di te
Perché io non ti so scordar

I LOVE ROSSINI

Alone, as if by force of habit
Even tonight, I stop by the bar
An echo, taunting me, fills the air
It's a voice, a voice that's all too familiar
It's you, so close, but you hide
Because you're still talking about me
Could it be you cannot forget me
You speak to a friend that knows nothing of me
You're talking of my heart
And the bar, it smells of coffee
As the ice cream counter plays witness to your tale
Slander is a wicked wind
Said the writer with his pen
But you believed it to be true
While for me there was no reason
To give credence to suspicious envy
Yet even now, you're still talking about me
Could it be you cannot forget me
My faltering command of English
That won your love right here
And countless coffees we shared together
I told you "I Love Rossini, you know, the Italian opera"
Right here, by the ice cream counter
Now I'm explaining this love to your friend
I plead, tell this to my love
She sits there, uncaring, at your side
Tell her if the opera isn't enough, there will be another song, tell her
If you still feel the need to talk of me
Then surely, you haven't forgotten
And I'm still singing about you
Because I know I can't forget you

TREMO E T'AMO

(T.Ferro / G.Servillo / M.Malavasi)

TREMO E T'AMO

T'amo e tremo
Disse la donna
Al suo soldato
Che non tornava
La sua voce
Nel vento correva
Sopra la neve
Dove lui combatteva

Tremo e t'amo
Disse e piangeva
Nel buio della sala
Qualcuno rideva
Per far torto alla paura
A questo amore che già finiva

Il ricordo tradisce la mente
Il soldato non sente più niente

D'improvviso
Fu preso alle spalle
Dal suo nemico
Che strano parlava
Delle rose, del vino e di cose
Che un'altra vita gli prometteva
Ma quante spose
La guerra toglieva
Dalle braccia della prima sera

Tremo e ho freddo
Disse il soldato
Al suo nemico che lo guardava
La sua voce nel vento restava
Sulla platea che muta ascoltava

TREMO E T'AMO

I love you and I'm trembling
Said the woman
To her soldier
Who wouldn't be coming back
Her plaintive voice
Was carried by the wind
Across the chilling snow
To where her soldier fought

I'm trembling and I love you
She whispered as she cried
And in the darkness of the room
Somebody laughed
In conquest of the fear
That this love was about to end

But sweet memories can betray you
The soldier doesn't feel anything anymore

Too late, his enemy strikes
Suddenly
From behind
Who, strangely, was speaking
Of roses, of wine, of life's other joys
That were promised him in another life
Oh, how many brides
Will war take away
From that first night's warm embrace

I'm trembling and I'm cold
Said the soldier
To his enemy, a man, just like himself
His voice hung motionless in the wind
Heard by the silent audience of those that
fell before him

UN CANTO

(E.Morricone / S.Bardotti)

UN CANTO

Quanto tempo è
Che ho scelto te
Quanta la strada
Dietro a noi
E oramai sarò
Parte di te
Mi sento
Come una goccia
Nel mare tuo
Come una foglia
Nel tuo albero
Come una pietra
Nella casa che
Anche per me farai

Choir Quanto tempo c'è
Davanti a noi
Dopo gli errori
Miei e tuoi

Ma oramai tu sei
Parte di me
Ti sento
Come il mio corpo
La mia città
Come i bei sogni
Che mi attendono
Come una pietra
Che metto via
Per fare casa mia

UN CANTO

How long is it
Since I made you mine
How long is the path
We've travelled together
By now I feel
As if
I'm part of you
Like a drop
In your ocean
Like a leaf
On your tree
Like a brick
In the house
That you build, just for me

Choir We've such a lot
To look forward to
After all the mistakes
That we've made, you and I

And by now you've become
A part of me
I can feel you
As I feel my own body
Like my hometown
Like a wonderful dream
That's waiting for me
Like a brick
That I save
For the house I build for you

A project by CATERINA CASELLI SUGAR
Produced and arranged by MAURO MALAVASI
Photography by SARAH WONG, Amsterdam
Wardrobe by GIORGIO ARMANI

Disco SUGAR Distribuzione UNIVERSAL
Compact Disc   SGR D 77828
Musicassetta   SGR C 77828
INSIEME s.r.l. - Milano

Transcriptions for printed album by EMILIO VERCELLI
All tracks used by kind permission of the publishers

WARNER BROS. PUBLICATIONS
USA: 15800 NW 48th Avenue, Miami, FL 33014

WARNER/CHAPPELL MUSIC

CANADA: 40 SHEPPARD AVE.WEST, SUITE 800
TORONTO, ONTARIO, M2N 6K9
SCANDINAVIA: P.O.BOX 533, VENDEVAGEN 85 B
S-182 15, DANDERYD, SWEDEN
AUSTRALIA: P.O.BOX 353
3 TALAVERA ROAD, NORTH RYDE N.S.W. 2113

NUOVA CARISCH

ITALY: Via Campania, 12
Zona Industriale Sesto Ulteriano
20098 S.Giuliano Milanese (Mi)
SPAIN: Magallanes, 25
28015 Madrid
FRANCE: 20, Rue de la Ville-l'Evêque
75008 Paris

INTERNATIONAL MUSIC PUBLICATIONS Ltd.

ENGLAND: Griffin House, 161 Hammersmith Road,
London W6 8BS
GERMANY: Marstallstr. 8, D-80539 Munchen
DENMARK: Danmusik, Vognmagergade 7
DK 1120 Kobenhavnk

SOGNO

A MIO PADRE
(6 maggio 1992)
Lyrics by Andrea Bocelli - Music by Mauro Malavasi

A VOLTE IL CUORE

Lyrics and Music by Pieromarras

5

6

ripete ad libitum sfumando

CANTO DELLA TERRA

Lyrics by Lucio Quarantotto - Music by Francesco Sartori

COME UN FIUME TU

Lyrics by Lucio Quarantotto - Music by Ennio Morricone

Lento

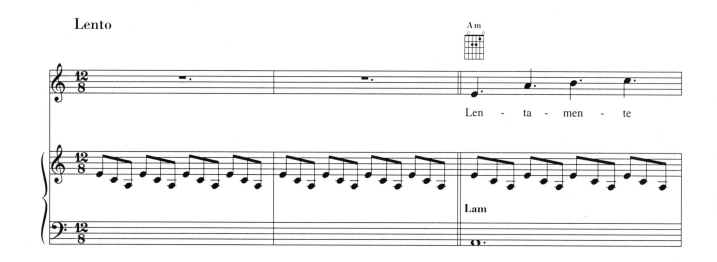

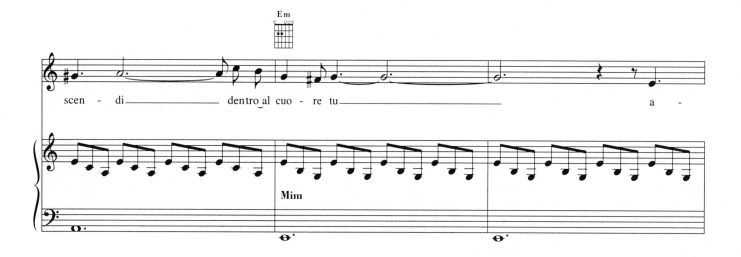

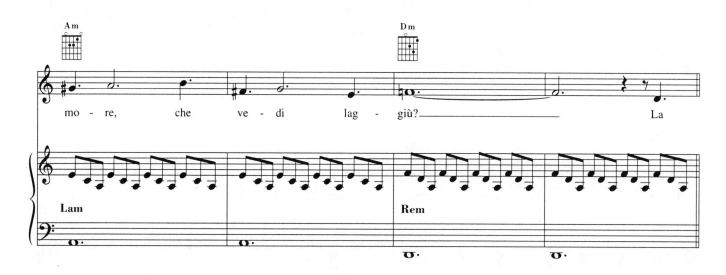

© 1999 by INSIEME s.r.l. - Galleria del Corso, 4 - 20122 Milano - Proprietà per tutti i paesi

SUGARMUSIC FRANCE - 33 Rue Vivienne - 75002 Paris pour France, Europe 1 et territoires de pérception directe de la SACEM, excepté le Luxembourg • SUGAR MUSIK VERLAGS Gmbh-Gruntal 34 - D-81925 München für Deutschland, Österreich und Russland • SUGAR MUSIC ESPAÑOLA S.L. - General Mitre 207 - 08023 Barcelona para España, America Central, Santo Domingo, Ecuador y Colombia • SUGARMUSIC BENELUX S.A. - 3-5 Rue Victor Oudart 1030 Bruxelles pour Belgique et Luxembourg • SUGARMUSIC NETHERLANDS B.V. - Marathon 11 - 1213 PG Hilversum for Netherlands • SUGARMUSIC LUSITANA SERVICOS, Lda. - 9000 Funchal por Portugal • SUGARMUSIC S.A. - 1211 Ginevra 11 per Svizzera e Liechtenstein • SUGAR-MELODI, Inc. - Water Mill, N.Y. 11976 for U.S.A. • SUGARMUSIC JAPAN Ltd. - Tokyo for Japan • MORNING MUSIC Ltd. - Mississauga, Ont. L4 W1 E4 for Canada • CHELSEA MUSIC PUBLISHING Co.Ltd. - London W1N 5PG for United Kingdom, North Ireland and Eire GAZELL MUSIC AB - Stockholm for Scandinavia, Finlandia, Islanda, Lituania, Estonia and Lettonia • A-Tempo Verlag - Praha - Czech and Slovak Republics.

CANTICO

Lyrics by Andrea Bocelli - Music by Mauro Malavasi, Pierpaolo Guerrini

Lentamente (solenne)

A che ser - ve pian - ge - re

ri - nun - cia - re a vi - ve - re re - sta qua se ti va
E se vor - rai cre - der - lo io sa - rò l'an - ge - lo

© 1999 by INSIEME s.r.l. - Galleria del Corso, 4 - 20122 Milano / ALMUD s.r.l. - Via Irnerio, 16 - 40126 Bologna - Proprietà per tutti i paesi

SUGARMUSIC FRANCE - 33 Rue Vivienne - 75002 Paris pour France, Europe 1 et territoires de perception directe de la SACEM, excepté le Luxembourg • SUGAR MUSIK VERLAGS GmbH-Gruntal 34 - D-81925 München für Deutschland, Österreich und Russland • SUGAR MUSIC ESPAÑOLA S.L. - General Mitre 207 - 08023 Barcelona para España, America Central, Santo Domingo, Ecuador y Colombia • SUGARMUSIC BENELUX S.A. - 3-5 Rue Victor Oudart 1030 Bruxelles pour Belgique et Luxembourg SUGARMUSIC NETHERLANDS B.V. - Marathon 11 - 1213 PG Hilversum for Netherlands • SUGARMUSIC LUSITANA SERVICOS, Lda. - 9000 Funchal por Portugal • SUGARMUSIC S.A. - 1211 Ginevra 11 per Svizzera e Liechtenstein • SUGAR-MELODI, Inc. - Water Mill, N.Y. 11976 for U.S.A. • SUGARMUSIC JAPAN Ltd. - Tokyo for Japan • MORNING MUSIC Ltd. - Mississauga, Ont. L4 W1 E4 for Canada • CHELSEA MUSIC PUBLISHING Co.Ltd. - London W1N 5PG for United Kingdom, North Ireland and Eire GAZELL MUSIC AB - Stockholm for Scandinavia, Finlandia, Islanda, Lituania, Estonia e Lettonia - A-Tempo Verlag - Praha - Czech and Slovak Republics.

18

I LOVE ROSSINI

Lyrics by Giuseppe Servillo - Music by Patrick Abrial

IMMENSO

Lyrics by Lucio Quarantotto - Music by Francesco Sartori

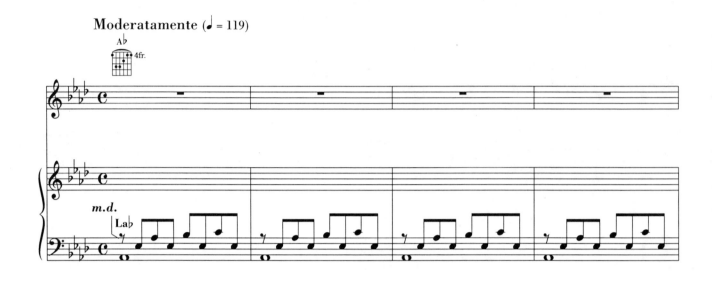

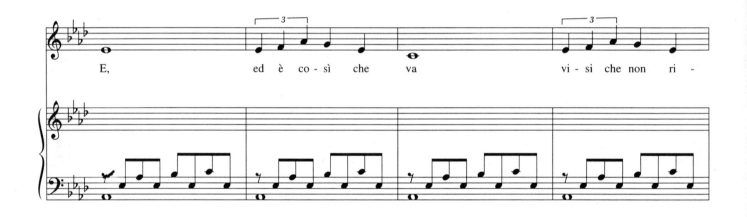

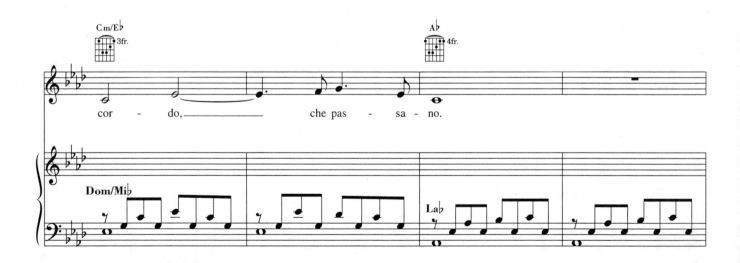

© 1999 by INSIEME s.r.l. - Galleria del Corso, 4 - 20122 Milano - Proprietà per tutti i paesi

SUGARMUSIC FRANCE - 33 Rue Vivienne - 75002 Paris pour France, Europe 1 et territoires de pérception directe de la SACEM, excepté le Luxembourg • SUGAR MUSIK VERLAGS Gmbh-Gruntal 34 - D-81925 München für Deutschland, Österreich und Russland • SUGAR MUSIC ESPAÑOLA S.L. - General Mitre 207 - 08023 Barcelona para España, America Central, Santo Domingo, Ecuador y Colombia • SUGARMUSIC BENELUX S.A. - 3-5 Rue Victor Oudart 1030 Bruxelles pour Belgique et Luxembourg • SUGARMUSIC NETHERLANDS B.V. - Marathon 11 - 1213 PG Hilversum for Netherlands • SUGARMUSIC LUSITANA SERVICOS, Lda. - 9000 Funchal por Portugal • SUGARMUSIC S.A. - 1211 Ginevra 11 per Svizzera e Liechtenstein • SUGAR-MELODI, Inc. - Water Mill, N.Y. 11976 for U.S.A. • SUGARMUSIC JAPAN Ltd. - Tokyo for Japan • MORNING MUSIC Ltd. - Mississauga, Ont. L4 W1 E4 for Canada • CHELSEA MUSIC PUBLISHING Co.Ltd. - London W1N 5PG for United Kingdom, North Ireland and Eire GAZELL MUSIC AB - Stockholm for Scandinavia, Finlandia, Islanda, Lituania, Estonia and Lettonia • A-Tempo Verlag - Praha - Czech and Slovak Republics.

MAI PIU' COSI' LONTANO

Lyrics and Music by Mauro Malavasi

32

34

NEL CUORE LEI

Lyrics by Eros Ramazzotti, Dedo Cogliati - Music by Bruno Zambrini

36

38

Andrea Bocelli with Dulce Pontes

'O MARE E TU

Lyrics and Music by Enzo Gragnaniello

Moderatamente lento

Lei: Vocalizz.

Sen-tir em nòs sen-tir em nos u-ma ra-zão pa-ra não fi-car-mos sòs e nes-se a-bra-ço for-te sen-tir o mar, na nos-sa voz,

SOGNO

Lyrics by Giuseppe Servillo - Music by Giuseppe Vessicchio

TREMO E T'AMO

Lyrics by Mauro Malavasi, Giuseppe Servillo - Music by Tullio Ferro

51

UN CANTO

Lyrics by Sergio Bardotti - Music by Ennio Morricone

Andrea Bocelli with Celine Dion

THE PRAYER

Italian lyrics by Alberto Testa, Tony Renis - Music and English lyrics by Carole Bayer Sager, David Foster

Veloce, con espressione (♩ = 72)

Lei: I pray you'll be our eyes, and watch us where we go, and help us to be wise in times when we don't know. Let this be our prayer, when we lose our